BEI GRIN MACHT SICH IHR WISSEN BEZAHLT

- Wir veröffentlichen Ihre Hausarbeit,
  Bachelor- und Masterarbeit

- Ihr eigenes eBook und Buch -
  weltweit in allen wichtigen Shops

- Verdienen Sie an jedem Verkauf

Jetzt bei www.GRIN.com hochladen
und kostenlos publizieren

Data Sharing. Potenziale, Herausforderungen und begünstigende Faktoren

Bibliografische Information der Deutschen Nationalbibliothek:

Die Deutsche Nationalbibliothek verzeichnet diese Publikation in der Deutschen Nationalbibliografie; detaillierte bibliografische Daten sind im Internet über http://dnb.d-nb.de abrufbar.

ISBN: 9783346834164
Dieses Buch ist auch als E-Book erhältlich.

© GRIN Publishing GmbH
Trappentreustraße 1
80339 München

Druck und Bindung: Books on Demand GmbH, Norderstedt Germany
Gedruckt auf säurefreiem Papier aus verantwortungsvollen Quellen

Das vorliegende Werk wurde sorgfältig erarbeitet. Dennoch übernehmen Autoren und Verlag für die Richtigkeit von Angaben, Hinweisen, Links und Ratschlägen sowie eventuelle Druckfehler keine Haftung.

Das Buch bei GRIN: https://www.grin.com/document/1335945

Inhalt

1. Einleitung

Bei vielen wissenschaftlichen Untersuchung entstehen Daten, etwa in Form von Tabellen, Audio- und Videoaufzeichnungen oder Textdateien, die wiederum in vielfältigen Formaten, JPEG, MP3, PDF usw., vorliegen. Sie können gezielt für eine wissenschaftliche Auswertung erzeugt werden oder erst nachträglich von Interesse für die Forschung sein. Trotz dieser unterschiedlichen Daseinsform der Forschungsdaten, haben sie eine Gemeinsamkeit: ein Großteil von ihnen geht durch unzureichendes Datenmanagement verloren oder steht einer Nachnutzung durch Dritte nicht weiter zur Verfügung.

Die richtige Archivierung und daraus folgend die Möglichkeit zur Weiterverwendung wirkt dem entgegen, sie treibt wissenschaftliches Arbeiten voran, indem neue Erkenntnisse durch Sekundäranalysen ressourcenschonend schneller und einfacher erlangt und frühere Ergebnisse durch Reproduktionen verifiziert werden können. Insgesamt wird die wissenschaftliche Praxis so transparenter und glaubwürdiger.

In der vorliegenden Arbeit werden daher zunächst diese Chancen des Data Sharings genauer aufgezeigt und nachfolgend die speziellen Herausforderungen, die diese Form der Datenüberlassung auch mit sich bringt, erörtert. Die Schwierigkeiten umfassen vor allem die Umsetzung einer geeigneten Infrastruktur, sowie eine rechtliche und finanzielle Dimension.

Im letzten Kapitel werden schließlich begünstigende Faktoren und Umstände, institutionelle sowie individuelle, benannt, die Forschende dazu animieren ihre Daten zu teilen, da dies trotz der allgemeinen Befürwortung weiterhin keine Selbstverständlichkeit in der Scientific Community darstellt.

2. Forschungsdatenmanagement und Data Sharing

„Unter Forschungsdaten sind [...] digitale und elektronisch speicherbare Daten zu verstehen, die im Zuge eines wissenschaftlichen Vorhabens zum Beispiel durch Quellenforschungen, Experimente, Messungen, Erhebungen oder Befragungen entstehen." (DFG 2010)

Das zugrundeliegende Verständnis ist hierbei, dass anhand dieser Daten Aussagen über unsere Realität möglich sind: sie dienen i.d.R. der Bestätigung oder dem Verneinen einer vorherigen Forschungshypothese. Daten sind somit die Basis für Informationsgewinnung.

Der Prozess der Planung, Erfassung, Verarbeitung, Bereitstellung, Aufbewahrung und Dokumentation wird in der Wissenschaft unter dem Begriff Forschungsdatenmanagement zusammengefasst, diese Arbeitsabläufe -sofern korrekt ausgeführt- garantieren, dass am Ende qualitativ hochwertige Daten zur Verfügung stehen. Sorgfältiges Datenmanagement ist also die unabdingbare Voraussetzung für spätere Nachnutzungsmöglichkeiten, da nur gut aufbereitete und richtig dokumentierte Daten sinnvoll analysiert oder wiederverwendet werden können.[1] Mit anderen Worten: es garantiert, dass die Daten vom Erzeuger unabhängig verstanden und genutzt werden können.

„Unter Data Sharing versteht man die Praxis, in einem Projekt erhobene Forschungsdaten Dritten mit allen zum Verständnis und zur Nutzung notwendigen Materialien unter klar definierten Bedingungen zugänglich zu machen." (Mauer & Recker 2019: 118) Das Teilen kann entweder dem Zweck der Replikation dienen oder dazu, neue Forschungsfragen zu beantworten. Verbesserte Messtechniken und vor allem stärkere Rechenleistung und die Digitalisierung haben nicht nur die produzierte Datenmenge enorm vergrößert, sondern auch die Bedingungen eines orts- und zeitunabhängigen Zugriffs und damit das Data Sharing erst geschaffen.

3. Potentiale

Indem Forschende ihre Rohdaten teilen, ermöglichen sie vier wesentliche Vorgänge:

3.1. Zugang

Universitäre Forschung ist ein Kollektivgut, welches durch die Gemeinschaft in Form von Steuergeldern (mit)finanziert wird, daher sollten ihre Ergebnisse, aber auch die erhobenen Daten, zugänglich bleiben, damit der größtmögliche Nutzen realisiert werden kann.

Der Gegensatz wird besonders deutlich im Kontrast zu privaten, kommerziellen Wirtschaftsorganisationen (z.B. Facebook, Google), die i.d.R. keinen oder nur einen eingeschränkten Zugang zu ihren Daten erlauben. Hier dienen Daten nicht dem allgemeinen Erkenntnisgewinn für alle, sondern der Profitmaximierung einiger weniger.[2]

Bei der Publikation werden Daten einer breiteren (Fach)Öffentlichkeit bereitgestellt und schaffen Transparenz, vor allem, wenn auf die Veröffentlichung (politische) gesamtgesellschaftliche Reaktionen folgen können. Diese Entscheidungen müssen durch dauerhaften Zugang zu den Daten überprüfbar bleiben, wenn sie die Allgemeinheit betreffen.

---

[1] McKiernan et al. (2016) haben darauf hingewiesen, dass das gründliche Datenmanagement bei Studien, deren Daten zur Verfügung gestellt werden sollen, für insgesamt weniger Fehler sorgt.
[2] Der inzwischen populäre Satz „Daten sind die Währung des 21. Jahrhunderts (- des Kapitalismus, - der Zukunft)." verdeutlicht ihren Stellenwert sehr gut.

3.2. Nachnutzung

Neben dem blossen Zugang, d.h. der Einsicht, ist vor allem aber die Nachnutzung, im Sinne einer Weiterverarbeitung, der entscheidende Vorteil, den das Data Sharing bietet.

Eine Möglichkeit ist das Verbinden von Datensätzen aus unterschiedlichen Quellen, diese Verknüpfung schafft durch kooperative Forschung Erkenntnisse, welche ein einzelnes Forschungsteam niemals hervorbringen könnte. Ein eindrucksvolles Beispiel ist hierfür das *Human Genome Project* (1990 – 2003), an dem zu Beginn 1000 Wissenschaftler aus 40 Ländern teilnahmen und so das gesamte menschliche Genom sequenzierten (HGP).

Kooperationen finden sich aber auch in fächerübergreifenden Studien, hier wären beispielsweise die Folgen und Auswirkungen des Klimawandels zu nennen, die nur in Verbindung unterschiedlicher Disziplinen beantwortet werden können. Diese interdisziplinären Forschungsprojekten werden erst durch den freien Zugang der unterschiedlichen Daten ermöglicht (Oßwald/Scheffel/Neuroth 2012: 13f).

Data Sharing bietet zudem Angehörigen von Universitäten ohne große finanzielle Ressourcen die Möglichkeit, durch die Nachnutzung bestehender Datensätze, ebenfalls am wissenschaftlichen Diskurs teilzunehmen. So schreibt beispielsweise Saif Aldeen AlRyalat (University of Jordan) im Fachjournal Nature (2018):

> „Open data are a boon for underfunded researchers. (…) I was able to access rigorous, high-quality data from almost 1,200 people with an inflammatory disease known as sarcoidosis, along with a control group. In Jordan, it would take me until I retired to generate this much data first-hand. Our results will be published in the journal that hosted the original data. We completed two more studies on the same data set within six months."

Ein gutes Datenmanagement und das Vorhandensein aller relevanter Variablen vorausgesetzt, können Dritte die bereits existierenden Daten in Sekundäranalysen auch für gänzlich andere Forschungsfragen nutzen. Diese Möglichkeit der Wiederverwendung stellt ihren enormen Wert dar, so dass eine einmalig Verwendung in nur einer Publikation dieses Potential missachtet.

Darüber hinaus gibt es Daten, deren Wiederholung ausgeschlossen ist, etwa die Erhebung von Meinungsumfragen oder Klimadaten zu einem bestimmten Zeitpunkt. Hier sind sekundäre Nutzer auf die Zugänglichkeit angewiesen, da eine eigene Erhebung schlicht nicht mehr möglich ist. So können Erkenntnisse aus Vergleichen mit neuen und den historischen Forschungsdaten gewonnen werden, etwa indem Entwicklungen und Trends herausgearbeitet werden.

Zuletzt sei auch auf das Teilen der genutzten Forschungsmethode und -werkzeuge einer Studie, in den Sozialwissenschaften wären das z.B. die genutzten Fragebögen, Strategien im Feld oder die genaue Art der Datenerhebung, hingewiesen. Hier kann das Data Sharing hilfreich bei der Entwicklung von neuen Forschungsdesigns sein, z.b. wenn auf bereits gut getestete Frageitems zurückgegriffen werden kann. (Corti et al 2014: 174).

Der enorme Vorteil der Nachnutzung liegt in den Ersparnissen von finanziellen und zeitlichen Ressourcen, da so die aufwendige Erhebungsphase und die Aufbereitung wegfallen. In den Sozialwissenschaften und ähnlichen Fachgebieten entlasten Sekundäranalysen aber auch die potentiellen Befragten, was vor allem bei schwer zu erreichenden bzw. über-befragte Bevölkerungsgruppen oder bei sensiblen Inhalten der Fall ist (Netscher/Trixa: 136).

3.3 Reproduktion und Replikation

Die Offenlegung der Daten ermöglicht erst die Überprüfung der aus der Untersuchung gezogenen Schlüsse, dabei können z.B. Unstimmigkeiten bei der Vollständigkeit der Daten als auch nicht zum Ergebnis passende Werte auffallen.

Data Sharing erlaubt mit der Nachnutzung die Reproduktion einer Studie und leistet so einen Beitrag, Forschungsergebnisse zu verifizieren, was wiederum die Glaubwürdigkeit der Resultate stärkt. Die Reproduktion testet, ob Dritte in ihrer Re-Analyse mit demselben Datensatz ebenfalls das gleiche Ergebnis erhalten.

Zudem stellt es die Replizierbarkeit von Forschungsresultaten sicher: führt eine andere Stichprobe zu einem statistisch ähnlichen Studienergebnis? Dafür verwendet der Sekundärforscher zwar neue (eigene) Daten, nutzt aber dieselbe Methode, in den Sozialwissenschaften beispielsweise die veröffentlichten Programmcodes der primären Datenanalyse (Netscher/Trixa 2019: 136).[3]

3.4. Qualitätssicherung

Wenn Daten zugänglich sind, können unsauberes Arbeiten oder gar willentliche Manipulationen durch Dritte eher und schneller aufgedeckt werden. Folgendes Beispiel sei zur Illustration genannt: Das Team um den renommierten Neurowissenschaftler Niels Birbaumer

---

[3]Dass in der wissenschaftlichen Praxis aufgrund des allgemeinen Innovationsdrucks vor allem neue Untersuchungen zu publizieren, viele Studien nicht reproduziert bzw. repliziert werden, soll an dieser Stelle zwar angemerkt, aber nicht weiter beschrieben werden.

publizierte 2017 eine sensationelle Studie, laut der es mittels einer speziellen Gehirnkappe möglich sei, mit vollständig gelähmten ALS-Patienten zu kommunizieren. Die Daten hinterlegten sie frei zugänglich in einem Respositorium, so dass der Informatiker Martin Spüler mit eigenen Berechnungen die gezogenen Schlüsse in Frage stellte. Es folgte eine Untersuchungskommission, die tatsächlich Verstöße gegen die Regeln guter wissenschaftlicher Praxis feststellte (Birbaumer 2017; Spüler 2019).

Dieses Fehlverhalten wäre ohne die Sichtung des zugrundeliegenden Datenmaterials wohlmöglich nicht aufgefallen, daher stellen transparente Forschungsprozesse ein enormes Qualitätsmerkmal wissenschaftlichen Arbeitens dar (Mauer/Recker 2019: 115).

Zusammengefasst lässt sich demnach sagen, dass die Bereitstellung von qualitativ hochwertigen Daten zur Weiterentwicklung des wissenschaftlichen Fortschritts und der Möglichkeit der Verifizierung von Forschungsergebnissen beiträgt.

Der Großteil der Nachnutzung liegt in der Verwendung der archivierten Daten, um neue, von der Primärnutzung unabhängige, Forschungsfragen zu beantworten.

Das Potential des Data Sharings besteht darin Erkenntnisgewinne effizienter und produktiver zu generieren und durch die Möglichkeit der Reproduktion diese zugleich nachvollziehbarer, vertrauensvoller und valider zu machen (Mauer/Recker 2019: 127).

Ein weiterer Effekt des Data Sharings ist die höhere Sichtbarkeit eines Forschenden durch hinzugekommene Zitationen bei der Verwendung seines Datenmaterials durch Dritte. Dieser Aspekt, vor allem verstanden als Option für einen zu erzielenden Reputationsgewinn, wird im 5. Kapitel „Begünstigende Faktoren" näher erläutert.

4. Herausforderungen

Neben den genannten Vorteilen gibt es bei der Umsetzung des Data Sharings auch einige Herausforderungen, die dafür sorgen, dass es trotz der Zunahme weiterhin kein flächendeckender Standard ist.

Zunächst einmal seien die *infrastrukturellen* Anstrengungen erwähnt: geeignete Systeme und Standards müssen entwickelt, abgestimmt und etabliert werden -ein zeitintensives und Institutionen übergreifendes Unterfangen. Dies fängt beim bereits angesprochenen, gründlichen Datenmanagement an: „Um Daten sinnvoll weiterverwenden zu können, damit diese auch neue wissenschaftliche Erkenntnisse generieren können, muss diesen Aufmerksamkeit und Pflege zuteil werden." (Büttner/Hobohm/Müller 2011: 17)

Die richtige Aufbereitung ist entscheidend für die spätere Recherche und Auffindbarkeit der Studien. (Standardisierte) Metadaten spielen dabei eine herausragende Rolle, mit ihnen bleiben die eigentlichen, nicht selbsterklärenden Datenwerte weiterhin verwertbar. Sie dokumentieren u.a. die Mess- und Erhebungsmethoden, sowie die und Mess- und Erhebungsinstrumente und zeigen den zukünftigen Forschern damit an, ob eine Sekundärnutzung überhaupt sinnvoll erscheint. Metadaten müssen also wie die eigentlichen Daten mit erfasst, archiviert und verfügbar gemacht werden (Oßwald/Scheffel/Neuroth 2012: 18). Sie sind damit auch eine Antwort auf die Frage, wie digitale Inhalte, neben der technischen Speicherung, langfristig interpretierbar bleiben. In den Sozialwissenschaften hat die Data Documentation Inititiative (DDI) ein Metadatensystem entwickelt, das es erlaubt, Metadaten über den gesamten Datenlebenszyklus systematisch zu erfassen (Jensen/Katsanidou/Zenk-Möltgen 2011: 87).

Auch das Akkreditierungsverfahren des Rats für Sozial- und Wirtschaftsdaten (RatSWD) hat zur Etablierung einer Forschungsinfrastruktur beigetragen, indem es geeignete Forschungsdatenzentren ausweist und so das Data Sharing institutionalisiert werden konnte. Auch der vom Kompetenznetzwerk zu Langzeitachivierung *nestor* entwickelte Kriterienkatalog für vertrauenswürdige Langzeitarchive stellt eine weitere Form der hilfreichen Standardisierung dar (Jensen/Katsanindou/Zenk-Möltgen, 2011: 91). Im Gegensatz zu reinen Datenarchiven bieten Datenzentren wissenschaftlich unterstützenden Service rund um die bei ihnen hinterlegten Daten, etwa bei der Auswertung, an. Zusammen bilden sie eine gute Basis der Forschungsinfrastruktur, die zukünftig noch um ein gemeinsames übersichtliches und benutzerfreundliches Informationsportal, das über die verschiedenen Zugangsmöglichkeiten zu sozialwissenschaftlichen Daten informiert, erweitert werden sollte (Huschka et al. 2012: 36ff). Die große Bandbreite an unterschiedlichen Daten macht es hingegen nahezu unmöglich eine gemeinsame Lösung für alle Disziplinen zu etablieren, so sieht sich vor allem die interdisziplinäre Forschung infrastrukturellen Anstrengungen gegenüber: „Die in einem System integrierte Verarbeitung und Darstellung heterogener Datenmengen aus ganz unterschiedlichen Quellen, erfasst mit verschiedenen Instrumenten, erfordert einen langen Prozess an Transformation, Speicherung und Übermittlung." (Büttner/Hobohm/Müller 2011: 14) Dabei kann es hilfreich sein die Vielfalt von Datei- und Metadatenformaten zu begrenzen, da dies die Anzahl der zur Wiedergabe notwenigen technischen Umgebung (Software und Hardware) reduziert und somit die Nachnutzung erleichtert (Neuroth/Oßwald/Schwiegelshohn 2012: 314). Die Anforderungen an Forschungsdateninfrastrukturen sind zudem unterschiedlich, je nachdem, ob der Wissenschaftler als Produzent von Daten auftritt oder als sein Konsument. Der erstgenannte wünscht sich eine lokal betreute, maßgeschneiderte Arbeitsumgebung, während der zweitgenannte einen zentralen Zugang mit vielfältigen Kombinationsmöglichkeiten von Daten und Werkzeugen bevorzugt (Oßwald/Scheffel/Neuroth 2012: 20). Die Frage, wie man Daten innerhalb einer geordneten, benutzerfreundlichen und transparenten Infrastruktur zur Verfügung stellt und gleichzeitig das Auffinden und den Zugang zu diesen ebenso einfach und transparent gestaltet, bleibt damit weiterhin aktuell.

Inzwischen liegen viele Daten nur nach als digitale Ressource vor, so dass ein Verlust unwiederbringlich ist. Sind sie zudem nicht mehr replizierbar, etwa sozialwissenschaftliche Befragungsdaten der letzten Jahrzehnte, ist der Verlust doppelt tragisch. Um auch nach Jahren auf Daten zurückgreifen zu können, ist eine *langfristige Archivierung* nötig, dabei geht es um die Sicherstellung der Informationen bei technologischem und / oder soziokulturellem Wandel. Digitale Langzeitarchivierung verfolgt also im Wesentlichen zwei sich ergänzende Ziele: die Substanzerhaltung der Dateninhalte, aus denen digitale Objekte physikalisch bestehen (bitstream preservation) und den Erhalt der dauerhaften Benutzbarkeit und Interpretierbarkeit. Diese inhaltliche Interpretierbarkeit wird gewährleistet, indem alle zum Verständnis der Daten benötigten Informationen zusammengestellt werden. Hierzu zählen neben den eigentlichen Forschungsdaten die bereits erwähnten Metadaten, die Informationen zur Studie und den Variablen liefern und i.d.R. in einem Codebook festgehalten werden. (Mauer/Recker 2019: 117). Institutionelle (z.B. heiDATA der Universität Heidelberg) oder disziplinspezifische (z.B. GESIS) Repositorien als Speicherort, also kuratierte und konstant gepflegte, über das Internet zugängliche Organisationen, haben sich für die Sicherung und Veröffentlichung als hilfreiche Standardisierung erwiesen. Darüber hinaus stehen auch nicht institutionelle, kommerzielle Anbieter (z.B. Figshare) oder öffentlich geförderte Speicherdienste (z.B. Zenodo) zur Verfügung (Mauer/Recker 2019: 123).

Eine wichtige Aufgabe, die diese Archive übernehmen, ist die Organisation und Zuweisung von permanenten Identifikatoren (z.B. Digital Object Identifier, kurz DOI), diese garantieren eine dauerhafte Identifizierung, Nachnutzbarkeit und auch Zitierfähigkeit, selbst wenn sich der Speicherort der Daten ändert (Ludwig 2012: 306).

Langzeitarchivierung ist zusammengefasst weniger als exakte Zeitangabe zur Sicherung, sondern als kontinuierlicher Prozess zu verstehen, der die Langzeitverfügbarkeit, also die zukünftige Interpretierbarkeit und Nutzbarkeit, von wissenschaftlichen Daten über

Veränderungen in der Technik und Gesellschft sicherstellt.

Im Bestfall wird bereits bei der Datenerzeugung an die Archivierung und an die sich daraus ergebenden Anforderungen (spezielles Datenformat, dokumentierende Metadaten) gedacht, was Arbeitsschritte erleichtern kann.

Daten zu teilen verursacht *Kosten* in finanzieller, zeitlicher und personeller Hinsicht. Angefangen beim Erstellen des Datenmanagementplans, der Einarbeitung von Personal über das Aufbereiten und Archivieren der gewonnenen Daten.

Personal, das sich um die Langzeitarchivierung und Nachnutzung kümmert, wird dabei in vielen Disziplinen noch projektabhängig und nicht institutionell bezahlt. Außerdem erfolgt die Qualifizierung dieser Mitarbeiter derzeit noch weitestgehend unsystematisch, wird aber durch Initiativen wie Netzwerk nestor unterstützt (Neuroth, Oßwald & Schwiegelshohn 2012: 316).

Neben den Personalkosten können zusätzliche Kosten für die Datengebenden entstehen, wenn seitens des Repositoriums die Daten noch aufwändig bearbeitet oder mit Informationen angereichert werden. Sehr großer Speicherbedarf kann ebenfalls ein Kostenfaktor sein, genauso wie besondere Formen der Zugangsbeschränkungen. Solche Kosten sollten idealerweise direkt bei der Projektplanung berücksichtigt werden und Eingang in die Anträge der Förderorganisationen finden (Mauer/Recker 2019: 126).

Wer seine Forschungsdaten zur Verfügung stellt, muss sich unweigerlich auch mit dem Thema *Datenschutz* auseinandersetzen. Da in den Sozialwissenschaften oftmals Individuen oder Gruppen von Individuen Teil der Forschung sind, umfasst Datenschutz hier zwei wesentliche Aspekte: Erstens muss stets die Anonymität der Teilnehmer gewahrt werden, sie dürfen nicht durch ihre gegebenen Informationen re-identitfizierbar sein. Dies wird durch Anonymisierungs- und Pseudonymisierungsverfahren sichergestellt, wobei der Grad von den jeweiligen Gegebenheiten (etwa Größe und Ort der Erhebung) abhängt. Berufsangaben lassen sich beispielsweise durch ISCO-Codes ersetzen. Qualitative Daten, wie sie bei offenen Fragen entstehen, enthalten ein größeres Potential Rückschlüsse auf die Person zu liefern und sind daher arbeitsintensiver zu anonymisieren. (Watteler/Ebel 2019: 66)

In jedem Fall aber erfordert das Speichern von personenbezogenen Daten immer die Zustimmung der Person, so dass eine Einwilligungserklärung vorliegen muss.[4] Darüber hinaus

---

[4]Personenbezogene Daten sind in Zukunft „alle Informationen, die sich auf eine identifizierte oder identifizierbare natürliche Person […] beziehen" (Art. 4 Abs. 1 DSGVO). Identifizierbar ist eine natürliche Person, wenn sie direkt oder indirekt unter Zuhilfenahme anderer Daten und Merkmale identifiziert werden kann.

ist der Proband auch gezielt darauf aufmerksam zu machen, dass er in die Verwertung, gegebenenfalls durch Dritte, seiner Daten einwilligt. Dieser Umstand kann dazu führen, dass Personen aus Sorge um ihre Anonymität seltener dazu bereit sind an Umfragen teilzunehmen (Spindler/Hillegeist 2010: 412).

Durch die nun geltende DSGVO ist es demnach auch hier ratsam, bereits während der Planung bzw. der Erhebungsphase zu überlegen, ob und wie die gewonnenen Daten nachnutzbar gemacht werden sollen. Für Sekundäranalysen muss z.b. abgewogen werden, wie stark die Anonymisierung ausfallen muss, um einerseits den Personenschutz zu gewährleisten und um andererseits genügend Informationen im Datensatz zu belassen.

Eine Lösung kann die Aufteilung in eine absolut anonymisierte Public Use Files und eine faktisch anonymisierte Scientific Use Files sein (Quandt/Mauer 2012: 68), deren Einsicht oder Herausgabe mit strengeren Auflagen belegt ist.

Der zweite Punkt berührt den allgemeinen Schutz der Daten. Mit Nutzungsverträgen und Lizenzen lässt sich der Kreis, der Zugang erhält, regulieren, so dass die Sorge, wer (und zu welchem Zweck) die Daten erhält minimiert werden kann.

In seriösen, vertrauenswürdigen Repositorien sind diese Authentifizierungs- und Autorisierungsmechanismen fester Bestandteil des Angebots, der Datenproduzent muss dafür die Zugriffsrechte und -wege einmalig festlegen. Spindler/Hillegeist (2010: 416) fassen es treffend wie folg zusammen:

„Die archivierende Forschungseinrichtung hat also festzulegen, welche Personen in welchem Umfang Zugang zu ihren Verarbeitungsanlagen und deren IT-Systemen haben dürfen und muss die Bedingungen und die Form der Identifikation und Authentisierung der Zugriffsberechtigten festzulegen."

5. Begünstigende Faktoren

Trotz der vorangegangenen Auflistung von Herausforderungen, die sicherlich nicht abschließend ist, ist es besonders wichtig, ein Bewusstsein über den Stellenwert des Data Sharings bei den Beteiligten zu schaffen. Im Folgenden soll daher erörtert werden, welche Faktoren sich begünstigend auswirken und durch welche weiteren Maßnahmen es gesteigert werden kann.

Zunächst einmal ist generell eine *institutionsübergreifende Zusammenarbeit* in dem jeweiligen Fachbereich förderlich, da diese den Druck erhöht, geeignete Lösungen für den Datenaustausch zu entwickeln. In den Sozialwissenschaften sind Projekte einerseits kleinteilig aufgebaut, beispielsweise in der Meinungs- oder Marktforschung, andererseits gibt es große Datenerhebungen, die zur Beantwortung unterschiedlichster Forschungsfragen erhoben werden, z.B. die Allgemeine Bevölkerungsumfrage der Sozialwissenschaften (ALLBUS) oder der European Social Survey (ESS). Diese Umfragen sind von vornherein als Kollektivgut für den wissenschaftlichen Betrieb konzipiert und dementsprechend werden die gewonnenen Daten der Scientific Community zur Verfügung gestellt. (Quandt/Mauer 2012: 62f)

Data Sharing ist auch eher in Fachdisziplinen prominent, in denen langjährige, internationale Großprojekte realisiert werden, wie beispielsweise in der Astrophysik oder der Genetik (Corti et al. 2014:10). Hier konnte sich aus der praktischen Erfahrung ein Bewusstsein über die Notwendigkeit und die Vorteile herausbilden und wirkt normsetzend weiter.

Wenn bereits etablierte, d.h. als vertrauenswürdig eingestufte Einrichtungen und Dienste zur *Archivierung* von Daten bestehen, wirkt sich dies ebenfalls positiv auf die Bereitschaft zu Teilen aus. Datenzentren und Repositorien werden von vielen Disziplinen als die ideale Lösung angesehen, die Verfügbarkeit und die effiziente Nachnutzung von Forschungsdaten zu verbessern und langfristig zu sichern (Neuroth/Oßwald/Schwiegelshohn 2012: 310).

Das GESIS Datenarchiv für Sozialforschung sei hier als positives Beispiel angeführt. Archiviert werden dort jedoch nur quantitative Daten, was verdeutlicht, dass es auch innerhalb einer Forschungsdisziplin unterschiedlich stark ausgebildete Archivierungsstrukturen geben kann, auf die der Forschende zurückgreifen kann. Im Vergleich zu anderen Forschungszweigen haben die Sozialwissenschaften jedoch die Aufgabe der Langzeitverfügbarkeit mit am stärksten institutionalisiert (Ludwig 2012: 297).

Ein wichtiges Kriterium, welches Date Sharing fördert und begünstigt, ist auch die *lokale Situation* in denen sich der Datenersteller wiederfindet. Häufig werden Infrastruktureinrichtungen wie Bibliotheken oder Rechenzentren als Kooperationspartner bei der Langzeitarchivierung von Forschungsdaten einbezogen (Neuroth/Oßwald/Schwiegelshohn 2012: 312).

An der Universität zu Köln etwa hat man diesen Faktor im Jahr 2016 erkannt und sich zunächst mit einer Machbarkeitsstudie und der Erfassung des Status quo im Umgang mit Forschungsdaten der Thematik genähert. Das Ergebnis waren dezentrale, oftmals nicht nachhaltige, „Insellösungen" auf Projekts- oder Institutsebene. Einzig die Philosophische Fakultät verfügte bereits mit dem Data Center for the Humanities (DCH) über eine eigene

Datanemanagement- Einrichtung, die insbesondere eine beratende Funktion ausübt.

Das daraufhin im Jahr 2018 gegründete Cologne Competence Center for Research Data Management (C3RDM) ist eine Kooperation aus dem Dezernat Forschungsmanagement (D7), dem Rechenzentrum (RRZK) und der Universitäts- und Staatsbibliothek (USB), die enbenfalls bestehende, gewachsene Strukturen eingebunden hat. Es versteht sich als Service-Zentrum und zentraler Ansprechpartner für die Forschenden der Universität zu Köln und bietet Beratung, Schulung und Information, aber auch digitale Dienste an (Dierkes/Curdt 2018). Auf Anfrage über die bisherige Entwicklung und Annahme des Angebotes schreibt Jasmin Schenk, Projektmanagerin am C3RDM:

> „Wir machen aktuell die Erfahrungen, dass Unterstützung im Forschungsdatenmanagement aktiv von Forschenden aller Fakultäten angefragt wird und auch erste Workshopangebote von uns voll ausgebucht sind. Vor allem in der Antragsberatung für Drittmittel ist aufgrund von strengeren Vorgaben der Forschungsförderer der Beratungsbedarf gestiegen."[5]

Im Vergleich zu anderen Universitäten lässt sich außerdem feststellen, daß die Universitätsleitung die Aktivitäten für einen hochschulweiten Service bewusst finanziell durch drei volle Stellen fördert und die Verantwortung so nicht nur bei den Infrastruktureinrichtungen liegt.

Eine entscheidende Rolle spielen außerdem wissenschaftliche *Fachjournale*, da sie maßgeblich dafür verantwortlich sind, wie aktuelle wissenschaftliche Diskurse kommuniziert und veröffentlicht werden (Zenk-Möltgen et al.: 1054). Vor rund zehn Jahren begannen sie vermehrt Anforderungen für das Data Sharing in ihre Richtlinien aufzunehmen, um so die Nachvollziehbarkeit und Transparenz ihrer publizierten Artikel zu verstärken.[6] Data Sharing kann in diesem Kontext als Erweiterung des Open-Access-Gedanken vieler neuerer Journals verstanden werden, der jedem jederzeit einen kostenlosen Zugang gewährt und so eine immense Vergrößerung des potenziellen (Fach)publikums sicherstellt.

Auch in den sozialwissenschaftlichen Zeitschriften konnte eine steigende Tendenz für Data-Sharing-Richtlinien verzeichnet werden und damit einhergehend auch eine steigende Anzahl von Artikeln, die die Verfügbarkeit ihrer Daten angeben (Zenk-Möltgen et al.: 1059ff).

---

[5]Private Email vom 19.07.2019.

[6]Ab Jahr 2010 setzte sich beispielsweise der Verlag BioMed Central, der rund 200 Open-Access-Zeitschriften aus dem Bereich Medizin und Biologie herausbringt, verstärkt für eine Data-Sharing-Kultur durch seine Richtlinien ein (Corti et al: 7).

Darüber hinaus haben sich in jüngster Zeit vermehrt auch sogenannte Data Journals etabliert, die sich im Gegensatz zu klassischen Fachzeitschriften ausschließlich auf die Publikation von Forschungsdaten, die Methoden ihrer Gewinnung und die Datenstruktur konzentrieren. Eine Interpretation der Daten findet gewöhnlich nicht statt, es wird jedoch auf das Repositorien verwiesen, welches die Daten archiviert. Datenveröffentlichungen werden wie andere Journalartikel ebenfalls mit einem bereits erwähnten persistent identifier, oftmals DOI, versehen. Dieses System garantiert nicht nur die dauerhafte Auffindbarkeit, sondern verknüpft auch den Produzenten permanent mit seinen erstellten Daten (Winkler-Nees 2012: 35). Indem Data Papers vermehrt als referierte Publikation anerkannt werden und somit „make data count" gilt, schaffen sie einen zusätzlichen Anreiz zum Teilen und Veröffentlichen von Forschungsdaten (Meuer/Reiter 2019: 125). Diese Belohnungsstrukturen sollten weiter ausgebaut werden, damit die intensive Datenaufbereitung attraktiver wird und sich somit auch die Datenverfügbarkeit stetig bessert.

Den Bedeutungsgewinn, den Data Sharing in den letzten Jahren erfahren hat, erkennt man auch an den konkreten Auflagen der *Förderorganisationen*, so heißt es etwa beim Bundesministerium für Bildung und Forschung: „Standards des Forschungsdatenmanagements" müssen eingehalten und erhobene Forschungsdaten nach Projektende an ein geeignetes Forschungsdatenzentrum übergeben werden, „um im Sinne der guten wissenschaftlichen Praxis eine langfristige Datensicherung für Replikationen und gegebenenfalls Sekundärauswertungen zu ermöglichen. Dort werden die Daten archiviert, dokumentiert und gegebenenfalls auf Anfrage der wissenschaftlichen Community zur Verfügung gestellt." (BMBF 2017)

Auch andere Institutionen, wie das amerikanische National Institutes of Health (NIH), machen das Data Sharing ebenfalls zur direkten Förderauflage oder verweigern zukünftige Forschungsfinanzierung bei einer Nichtveröffentlichung der Daten, wie das britische Economic and Social Research Council (ESRC). McKiernan et al. (2016: 8f) zählen zusätzlich zu den Förderprogrammen auch *Auszeichnungen und Forschungsstipendien* auf, die sich speziell an Open-Research-Wissenschaftler richten, beispielsweise das Mozilla Fellowship for Science oder den Open Science Prize.

Man kann diese Entwicklungen als Ausdruck von stetig steigendem Interesse und gleichsam als wachsende Möglichkeiten sehen, durch Data Sharing Aufmerksamkeit, aber auch neue Ressourcen in Form von Geldmitteln und Kontakten, zu erlangen (McKiernan et al.: 7).

Die *Universitäten* und ihre Institutionen können anhand ihrer Berufungs- und Einstellungskriterien eine Kultur des Data Sharing ebenfalls aktiv unterstützen. Die Fakultät für Psychologie und Pädagogik der LMU München etwa fügt allen offenen Stellenausschreibungen für zu besetzende Professuren folgendes Statement hinzu:

> „Our department embraces the values of open science and strives for replicable and reproducible research. For this goal we support transparent research with open data, open materials, and study pre-registration. Candidates are asked to describe in what way they already pursued and plan to pursue these goals."

Potentielle Bewerber werden u.a. explizit nach ihren vergangenen und geplanten Vorhaben für die Nachnutzbarmachung ihrer Daten befragt, so werden gezielt Kandidaten angesprochen, die bereits transparente Forschung betreiben und es wird zugleich ein Signal an all jene gesendet, die dies bisher vermieden haben.

Verschiedene Studien konnten aufzeigen, dass weitere wesentliche Faktoren, die einen Forschenden zum Teilen bewegen, in seinen Vorstellungen über den zu erwartendem Karrierenutzen im Gegensatz zum betreibenden Aufwand, der Anerkennung im akademischen Betrieb, in seinem Alter und in seinen persönlichen Vorbehalten liegen (Zenk-Möltgen et al.: 1054). Letztgenannte wären etwa die Sorgen über den Verlust der Exklusivität der Daten und damit eventuell vergebene Publikationsmöglichkeiten, Bedenken bezüglich der Datenschutzsicherheit oder die Auffassung „meine Daten sind eh für niemanden interessant bzw. verwertbar". Das bedeutet, dass neben den äußeren, oben aufgeführten institutionellen Rahemnbedingungen und Infrastruktureinrichtungen, auch individuelle Gesichtspunkte relevant sind bei der Frage: teilen oder nicht teilen?

Zenk-Möltgen et al. (2018) haben in ihrer Arbeit, in der sie Daten aus zwei voran gegangenen Studien mit neu gewonnenen Survey-Daten verknüpften, für die Disziplinen Politikwissenschaft und Soziologie institutionelle und persönliche Faktoren analysiert. Die Bereitschaft zum Data Sharing steigt demnach, je mehr ein Autor durchschnittlich veröffentlicht und je höher der Anteil seiner Daten selbsterhoben ist.

Darüber hinaus steigt die Wahrscheinlichkeit, wenn er bereits in der Vergangenheit Daten geteilt hat. Sozio-demographische Faktoren (Alter, akademische Position, Geschlecht) beeinflussen die Absicht der Zurverfügungstellung ebenfalls.

Die eingangs vorgestellten Potenziale und Nutzen sind voranging Effekte, von denen Dritte (die Zivilgesellschaft, andere Wissenschaftler) profitieren und daher als utilitaristisch zu bezeichnen. Fördernde und begünstigende Faktoren müssen allerdings den einzelnen Wissenschaftler im Auge behalten, da die Herausforderungen hauptsächlich durch diesen zu bewältigen sind.

Die persönlichen Vorbehalte und Sorgen erklären möglicherweise die Diskrepanz, die sich zwischen Theorie und gelebter Praxis abzeichnet: der wesentlichen Zustimmung über die Nützlichkeit des Data Sharings (der anderen) und der tatsächlichen Zugänglichkeit (eigener Daten). Dieses Dilemma lässt sich nur lösen, indem Vorbehalte (allen voran: Verlust der Deutungshochheit und der Wegfall weiterer Publikationsmöglichkeiten, der zusätzliche Arbeitsaufwand, fehlendes Know-How und die Sorgen um den Datenschutz) durch Informationen abgebaut und Anreize bzw. Hilfsstellungen weiter ausgebaut werden.

Das Renommee und die Karriereaussichten von Wissenschaftlern hängen inzwischen zu einem großen Teil von seinen Veröffentlichungen („publish or perish") und damit einhergehend von seinen Zitationen durch die Scientific Community ab. Mit der Zitation erweist auch der spätere Nutzer dem Datenproduzenten die wissenschaftliche Anerkennung (Ludwig 2012: 306). Erwartete Vorteile und die Wertschätzung der anderen Nutzer sind daher besonders starke begünstigende Faktoren.

„Dass auch zunehmend die Erhebung, das Management und die Erstellung von Dokumentationen zu Forschungsdaten in der wissenschaftlichen Community als eigenständige und zitierfähige Forschungsleistung anerkannt werden, ist sicher ein zusätzlicher Anreiz, an einer qualitativ hochwertigen Dokumentation von Forschungsdaten zu arbeiten." (Jensen/Zenk-Möltgen/Wasner 2019: 174)

Forschungsdaten (und ihr Management) werden durch diese Entwicklung nicht mehr bloss als Nebenprodukt bzw. Mittel zum Zweck angesehen, sondern als bedeutsamer Bestandteil des Forschungsprozesses und als eigenständige, zitierfähige Objekte.

Dass Data Sharing tatsächlich zu höheren Zitationsraten führt und damit der akademischen Karriere dienlich ist, zeigten McKiernan et al (2016) für eine Reihe von Fachrichtungen. Die vergrößerte Reichweite und Sichtbarkeit des Datenerstellers kann so wiederum in neuen Projekten und Kollaborationen münden kann, was als ein weitere Vorteil gesehen werden kann.

Zusammenfassend lässt sich festhalten, dass die Bereitstellung und Nachnutzung von Forschungsdaten durch die Entwicklung von Standards, Archivstrukturen, Richtlinien der Fachjournale und Förderorganisationen und Anreiz- und Sanktionssystemen beeinflusst wird

(Oßwald/Scheffel/Neuroth 2012: 19).

6. Fazit

Obwohl die einzelnen Forschungszweige höchst unterschiedliche, oftmals fachspezifische Daten produzieren, ist der Mehrwert, den sorgfältiges Datenmanagement und die Nachnutzung schaffen, fächerübergreifend erkannt. Dennoch werden viele Daten nach wie vor nicht dauerhaft gespeichert oder für andere aufbereitet.

Geeignete sowie fördernde institutionelle und infrastrukturelle Bedingungen sind für einen Kulturwandel dabei ebenso wichtig, wie die individuellen Einstellungen der Forschenden. Ihre Vorbehalte können am ehesten beseitigt werden, indem das Data Sharing, neben der Nützlichkeit für Dritte, auch persönliche Vorteile (Reputationsgewinn, bessere Karrierechancen) bietet. Nur wenn Forschungsdatenproduktion als vollwertige wissenschaftliche Leistung anerkannt ist, wird die Qualität und Verfügbarkeit weiter steigen. (Huschka et al. 2011: 46)

Literaturverzeichnis

AlRyalat, Saif Aldeen, 2018: „Open data are a boon for underfunded researchers" (Correspondance). *Nature* **563**: S. 184.
https://doi.org/10.1038/d41586-018-07310-3

BMBF - Bundesministerium für Bildung und Forschung, 2017: Bekanntmachung. Richtlinie zur Förderung von Forschung zu Digitalisierung im Bildungsbereich – Grundsatzfragen und Gelingensbedingungen. In: Bundesanzeiger, AT 26.09.2017.
https://www.bmbf.de/foerderungen/bekanntmachung-1420.html
(Letzter Zugriff 16. Juli 2019)

Büttner, Stephan, Hans-Christoph Hobohm, undLars Müller, 2011: „Research Data Management". S. 13-24 in: *Handbuch Forschungsdatenmanagement*, Hrsg. Stephan Büttner, Hans-Christoph Hobohm, Lars Müller, Bad Honnef: Bock u. Herchen.

Corti, Louise, Veerle Van Den Eynden, Libby Bishop und Matthew Woollard, 2014: Managing and Sharing Research Data. A Guide to Good Practice, London: Sage.

DFG (Deutsche Forschungsgemeinschaft), 2010: Aufforderung zur Antragsstellung, Informationsmanagement. Online-Dokument:
https://www.dfg.de/download/pdf/foerderung/programme/lis/ausschreibung_forschungsdaten_1001.pdf (Zugriff: 23. Juli 2019)

Dierkes, Jens und Constanze Curdt, 2018: „Von der Idee zum Konzept – Forschungsdatenmanagement an der Universität zu Köln". O-Bib. Das Offene Bibliotheksjournal 5(2): S. 28-46.
https://doi.org/10.5282/o-bib/2018H2S28-46

Human Genome Project: Human Genome Project FAQ (Who participated?). Online-Dokument: https://www.genome.gov/human-genome-project/Completion-FAQ (Zugriff: 23. Juli 2019)

Huschka, Dennis, Claudia Oellers, Notburga Ott und Gert G. Wagner, 2011: „Datenmanagement und Data Sharing: Erfahrungen in den Sozial- und Wirtschaftswissenschaften". S. 35-48, in: *Handbuch Forschungsdatenmanagement*, Hrsg. Stephan Büttner, Hans-Christoph Hobohm, Lars Müller, Bad Honnef: Bock u. Herchen.

Jensen, Uwe, Alexia Katsanidou und Wolfgang Zenk-Möltgen, 2011: „Metadaten und Standards". S. 83-100 in: *Handbuch Forschungsdatenmanagement*, Hrsg. Stephan Büttner, Hans-Christoph Hobohm, Lars Müller, Bad Honnef: Bock u. Herchen.

Ludwig, Jens, 2012: „Zusammenfassung und Interpretaion". S. 295-310 in: Langzeitarchivierung von Forschungsdaten. Eine Bestandsaufnahme, Hrsg. Heike Neuroth, Stefan Strathmann, Achim Oßwald, Regine Scheffel, Jens Klump, Jens Ludwig, Boizenburg: Verlag Werner Hülsbusch.

Mauer, Reiner und Jonas Recker. 2019: „Data Sharing: Von der Sicherung zur langfristigen Nutzung der Forschungsdaten". S. 115-134 in: Forschungsdatenmanagement sozialwissenschaftlicher Umfragedaten. Grundlagen und praktische Lösungen für den Umgang mit quantitativen Forschungsdaten, Hrsg. Uwe Jensen, Sebastian Netscher, Katrin Weller, Opladen: Verlag Barbara Budrich.
https://doi.org/10.3224/84742233

Netscher, Sebastain und Jessica Trixa, 2019: „Forschungsdatenmanagement in der Sekundäranalyse". S. 135-150 in: Forschungsdatenmanagement sozialwissenschaftlicher Umfragedaten. Grundlagen und praktische Lösungen für den Umgang mit quantitativen Forschungsdaten, Hrsg Uwe Jensen, Sebastian Netscher, Katrin Weller, Opladen: Verlag Barbara Budrich
https://doi.org/10.3224/84742233

McKiernan, Erin C. et al, 2016: „How open science helps researchers succeed", eLife vol. 5 e16800. https://doi.org/10.7554/eLife.16800

Oßwald, Achim, Regine Scheffel und Heike Neuroth, 2012: „Langzeitarchivierung von Forschungsdaten. Einführende Überlegungen". S. 2-20 in: Langzeitarchivierung von Forschungsdaten. Eine Bestandsaufnahme, Hrsg. Heike Neuroth, Stefan Strathmann, Achim Oßwald, Regine Scheffel, Jens Klump, Jens Ludwig, Boizenburg: Verlag Werner Hülsbusch.

Quandt, Markus, Reiner Mauer, 2012: „Sozialwissenschaften". S. 61-82 in: Langzeitarchivierung von Forschungsdaten. Eine Bestandsaufnahme, Hrsg. Heike Neuroth, Stefan Strathmann, Achim Oßwald, Regine Scheffel, Jens Klump, Jens Ludwig, Boizenburg: Verlag Werner Hülsbusch.

Spindler, Gerald und Tobias Hillegeist, 2010: „Langzeitarchivierung wissenschaftlicher Primärdaten". S. 409-416 in: nestor Handbuch: Eine kleine Enzyklopädie der digitalen Langzeitarchivierung, Version 2.3, Hrsg. Heike Neuroth, Achim Oßwald, Regine Scheffel, Stefan Strathmann, Karsten Huth, Boizenburg: Verlag Werner Hülsbusch.
https://nestor.sub.uni-goettingen.de/handbuch/nestor-handbuch_23.pdf

Universität Tübingen, 2019: Untersuchungskommission stellt wissenschaftliches Fehlverhalten durch Tübinger Hirnforscher fest (Pressemitteilung).
Online-Dokument: https://uni-tuebingen.de/universitaet/aktuelles-und-publikationen/pressemitteilungen/newsfullview-pressemitteilungen/article/untersuchungskommission-stellt-wissenschaftliches-fehlverhalten-durch-tuebinger-hirnforscher-fest/
(Zugriff: 26. Juli 2019)

Watteler, Oliver und Thomas Ebel, 2019: „Datenschutz im Forschungsdatenmanagement". S. 57-77 in: Forschungsdatenmanagement sozialwissenschaftlicher Umfragedaten. Grundlagen und praktische Lösungen für den Umgang mit quantitativen Forschungsdaten, Hrsg. Uwe Jensen, Sebastian Netscher, Katrin Weller, Opladen: Verlag Barbara Budrich.
https://doi.org/10.3224/84742233

Winkler-Nees, Stefan, 2012: „Stand der Diskussion und Aktivitäten". S. 23-41 in: Langzeitarchivierung von Forschungsdaten. Eine Bestandsaufnahme, Hrsg. Heike Neuroth, Stefan Strathmann, Achim Oßwald, Regine Scheffel, Jens Klump, Jens Ludwig, Boizenburg: Verlag Werner Hülsbusch.

Zenk-Möltgen, Wolfgang, Esra Akdeniz, Alexia Katsanidou, Verena Naßhoven und Ebru Bala-
ban, 2018: "Factors influencing the data sharing behavior of researchers in sociology and polit-
ical science". *Journal of Documentation* 74 (5): 1053-1073.
http://dx.doi.org/10.1108/JD-09-2017-0126.